BEI GRIN MACHT SICH IHR WISSEN BEZAHLT

- Wir veröffentlichen Ihre Hausarbeit, Bachelor- und Masterarbeit

- Ihr eigenes eBook und Buch - weltweit in allen wichtigen Shops

- Verdienen Sie an jedem Verkauf

Jetzt bei www.GRIN.com hochladen und kostenlos publizieren

Bibliografische Information der Deutschen Nationalbibliothek:

Die Deutsche Bibliothek verzeichnet diese Publikation in der Deutschen Nationalbibliografie; detaillierte bibliografische Daten sind im Internet über http://dnb.d-nb.de/ abrufbar.

Dieses Werk sowie alle darin enthaltenen einzelnen Beiträge und Abbildungen sind urheberrechtlich geschützt. Jede Verwertung, die nicht ausdrücklich vom Urheberrechtsschutz zugelassen ist, bedarf der vorherigen Zustimmung des Verlages. Das gilt insbesondere für Vervielfältigungen, Bearbeitungen, Übersetzungen, Mikroverfilmungen, Auswertungen durch Datenbanken und für die Einspeicherung und Verarbeitung in elektronische Systeme. Alle Rechte, auch die des auszugsweisen Nachdrucks, der fotomechanischen Wiedergabe (einschließlich Mikrokopie) sowie der Auswertung durch Datenbanken oder ähnliche Einrichtungen, vorbehalten.

Impressum:

Copyright © 2019 GRIN Verlag
Druck und Bindung: Books on Demand GmbH, Norderstedt Germany
ISBN: 9783346060464

Dieses Buch bei GRIN:

https://www.grin.com/document/505131

Nina Rosenmeier

Aus der Reihe: e-fellows.net stipendiaten-wissen

e-fellows.net (Hrsg.)

Band 3278

Ein Hausnotruf als Skill für Alexa von Amazon. Konzeptionierung und Implementierung

GRIN Verlag

GRIN - Your knowledge has value

Der GRIN Verlag publiziert seit 1998 wissenschaftliche Arbeiten von Studenten, Hochschullehrern und anderen Akademikern als eBook und gedrucktes Buch. Die Verlagswebsite www.grin.com ist die ideale Plattform zur Veröffentlichung von Hausarbeiten, Abschlussarbeiten, wissenschaftlichen Aufsätzen, Dissertationen und Fachbüchern.

Besuchen Sie uns im Internet:

http://www.grin.com/

http://www.facebook.com/grincom

http://www.twitter.com/grin_com

Seminararbeit

„Konzeptionierung und Implementierung eines Hausnotrufes als Skill für Alexa von Amazon"

Nina Rosenmeier

Fachhochschule Bielefeld, Fachbereich Wirtschaft

Sommersemester 2019

Inhaltsverzeichnis

Inhaltsverzeichnis I
Abbildungsverzeichnis I
1. Einleitung 1
   1.1   Ausgangssituation 1
   1.2   Zielsetzung 2
   1.3   Vorgehen 2
2. Grundlagen und verwendete Umgebungen 3
   2.1   Amazon Echo und Alexa 3
   2.2   Alexa Skills Kit 3
   2.3   Amazon Web Services – Lambda, DynamoDB, SNS 4
3. Analyse von bereits auf Amazon existierenden Lösungen im Notfallbereich und Anforderungsdefinition 6
   3.1   Auswahl existierender Lösungen für die Anforderungsdefinition des zu entwickelnden Hausnotrufes 6
   3.2   Anforderungen an den eigenen Hausnotrufskill 8
4. Konzeptionierung des Hausnotrufes 10
5. Implementierung und exemplarische Darstellung des Hausnotrufes 13
   5.1   Basisinformationen zur Entwicklung: 13
   5.2   Hauptmenü von „Hausnotruf rettet" 13
   5.3   Absetzen eines Notrufes an die Notfallkontakte 14
   5.4   Notrufnummern suchen 15
   5.5   Anfallende Kosten für „Hausnotruf rettet" 15
6. Bewertung der Implementierung des Hausnotrufes in Bezug auf die Anforderungen 16
   6.1   Funktionale Anforderungen 16
   6.2   Qualitätsanforderungen 17
7. Zusammenfassung und Ausblick 18
Anhang I
Literaturverzeichnis II

Tabellenverzeichnis

Tab. 1: Felder der Tabelle „EmergencyContact" 10
Tab. 2: Felder der Tabelle „MedicalProblem" 12
Tab. 3: Felder der Tabelle „EmergencyNumber" 12

Abbildungsverzeichnis

Abb. 1: Abfrageschema Notfallsituation 11

1. Einleitung

„Die Menschen in Deutschland werden älter, auch dank des medizinischen Fortschritts. [...] Die Gruppe der Alten belegt einen großen Teil von Deutschlands Singlewohnungen. Rund 34 Prozent der Alleinlebenden ist älter als 64 Jahre alt." [Gri19] Auch im hohen Alter alleine leben zu können, ist für die meisten Menschen ein angestrebtes Ziel. Es bedeutet Selbstbestimmung und maximale Freiheit. Möglich ist das jedoch nur, wenn die Person gesund und fit genug dafür ist. Doch wie ist eine Absicherung möglich, wenn ein Unfall passiert oder eine akute Krankheit eintritt, sofort Hilfe zu erhalten?

Eine Lösung dafür ist das Konzept des Hausnotrufes, welcher sowohl von Hilfsorganisationen, wie den Johannitern, dem Arbeiter Samariter Bund oder dem Deutschen Roten Kreuz, angeboten wird, als auch von IT-Dienstleistern.

Dieses Kapitel beschreibt zunächst die Ausgangssituation. Anschließend wird die Zielsetzung definiert und der Inhalt der Arbeit eingegrenzt. Im letzten Abschnitt dieses Kapitels wird die Vorgehensweise erläutert.

1.1 Ausgangssituation

Um Angehörige alleine lebender Personen zu entlasten und beiden Seiten ein Gefühl von Sicherheit zu vermitteln, gibt es den Hausnotruf, welcher ein Notrufsystem darstellt, das beim Auslösen per Knopfdruck oder Sprache einen Notruf an vordefinierte Kontakte absetzt. Des Weiteren besteht die Möglichkeit, dass Geräte zur Erkennung von Rauchentwicklung, Gas- und Wasseraustritt integriert werden. Auch das Hinterlegen eines Wohnungsschlüssels bei Vertrauenspersonen oder des Hausnotrufanbieters selbst, ist möglich. Dadurch kann im Bedarfsfall ein schneller Wohnungszutritt gewährleistet werden. Eine regelmäßige z.B. tägliche Abfrage des Hausnotrufes, ob alles okay ist, unterstützt dabei Notfälle möglichst zeitnah erkennen und behandeln zu können.

Die Systeme werden von vielen Unternehmen angeboten und können in unterschiedlichen Ausführungen und Paketen gebucht werden. Dabei handelt es sich oft um Abonnements, die monatlich oder jährlich abgeschlossen werden können. Für den Hausnotruf wird die sogenannte Notrufbox in der Wohnung installiert und an die häusliche Telefonanlage angeschlossen. Ein Taster, den der Anwender am Handgelenk oder um den Hals trägt, kann dann für das Absetzen eines Notrufes genutzt werden. Anschließend wird über die Notrufbox eine Sprechverbindung mit der Hausnotrufzentrale hergestellt. Es erfolgt eine Abfrage der gesundheitlichen Probleme und es werden entweder die Notfallkontakte oder der Rettungsdienst verständigt. [AHa19] [DHa19] [JHa19]

Durch die zunehmende Digitalisierung werden auch in Haushalten immer häufiger intelligente Assistenten integriert. Einer dieser Assistenten ist Alexa von Amazon. Durch sogenannte Skills, das sind die Anwendungen in Alexa, ist beispielsweise die Kommunikation mit Lampen oder der netzwerkfähigen Kaffeemaschine möglich. Ein Entwicklerportal für Skills ermöglicht es, eigene zu entwickeln und für alle Anwender zur Verfügung zu stellen. Auch auf hier existieren bereits Lösungen im Bereich des Hausnotrufes.

1.2 Zielsetzung

Da die angebotenen Lösungen für Hausnotrufe meistens sehr teuer sind und spezielle Technik bzw. Hardware erfordern, soll im Rahmen der Arbeit ein Konzept entwickelt werden, welches eine Lösung beinhaltet, einen kostengünstigen Hausnotruf zu implementieren, wenn ein Alexa-fähiges Gerät vorhanden ist.

Dafür werden zunächst Anforderungen erfasst, die für einen Hausnotruf erforderlich sind, bereits existierende Anwendungen analysiert und die wichtigsten Funktionen dieser für die Entwicklung des eigenen Skills übernommen.

Die Arbeit beinhaltet keinen Vergleich von verschiedenen marktüblichen Assistenten. Die Implementierung des Hausnotrufes erfolgt für den Assistenten Alexa und es werden lediglich die Amazon-eigenen Services verwendet.

1.3 Vorgehen

Im zweiten Kapitel werden die notwendigen Begrifflichkeiten und Services von Amazon für die Entwicklung eines Skills vorgestellt.

Das dritte Kapitel wird für die Analyse der bereits existierenden Lösungen für Hausnotrufe genutzt. Dabei werden vier verschiedene Anwendungen analysiert und deren individuellen Vorzüge herausgearbeitet.

Auf Basis der in Kapitel drei herausgearbeiteten Vorteile, wird im vierten Kapitel zunächst ein Konzept erarbeitet, welches für die anschließende Implementierung des Hausnotrufes genutzt wird. Es werden alle Funktionen und Abläufe definiert, die notwendig sind.

Das fünfte Kapitel stellt die Umsetzung des Konzeptes exemplarisch dar und es wird eine grobe Kostenkalkulation für die Nutzung des Skills durchgeführt. Anschließend wird die Implementierung in Bezug auf die Anforderungen bewertet. Zuletzt fasst das siebte Kapitel die Ergebnisse der Arbeit zusammen und gibt einen Ausblick, welche Aspekte in Hinsicht auf eine vollständige Anforderungsumsetzung in Zukunft noch genauer erarbeitet werden müssen.

2. Grundlagen und verwendete Umgebungen

Dieses Kapitel erläutert zunächst die Grundlagen und Begrifflichkeiten, die für das Verständnis der Arbeit erforderlich sind. Zusätzlich werden die verwendeten Services von Amazon vorgestellt.

2.1 Amazon Echo und Alexa

Die Amazon Echo Geräte sind Lautsprecher des US-amerikanischen Unternehmens Amazon. Sie besitzen einen Anschluss an das Internet. Um einen maximalen Nutzen zu bieten, werden Funktionalitäten eines intelligenten persönlichen Assistenten namens Alexa integriert. Dabei ist ein Zugriff auf viele Dienste des Herstellers selbst, als auch auf Dienste von Drittanbietern möglich. Grundsätzliche Funktionen, wie das Setzen eines Timers, Fragen nach dem Wetterbericht oder dem Hinzufügen von Positionen zur Einkaufsliste sind direkt aktiviert. Um weitere Funktionen nutzen zu können, muss der Anwender die sogenannten Skills aktivieren. Als Skill werden die einzelnen Anwendungen für Alexa bezeichnet. Die Aktivierung eines Skills erfolgt entweder über die Alexa App, die mit dem Echo gekoppelt ist, oder durch direkten Kontakt mit dem Echo. Dessen Ansprache erfolgt mit dem Schlüsselwort „Alexa". Da sich der Lautsprecher dauerhaft im sogenannten Lauschmodus befindet, schaltet er dann auf aktiv und erwartet z.B. die Aufforderung „Alexa, öffne den Hausnotruf".

2.2 Alexa Skills Kit

„Das Alexa Skills Kit (ASK) ist eine Sammlung von Self-Service APIs, Tools, Dokumentationen und Codebeispielen, mit denen du schnell und einfach Skills entwickeln und Anwendern zur Verfügung stellen kannst." [ASk19] Nach der Anmeldung als Entwickler besteht die Möglichkeit, einen ersten Skill zu entwickeln. Durch einen einfachen Aufbau der Webseite und Erläuterungen an jedem einzelnen Eingabefeld kann eine schnelle Einarbeitung in die Skillentwicklung erfolgen. Ein Skill besteht dabei grundsätzlich aus einem Invocationname, verschiedenen Intents und Slots.

Der **Invocationname** ist der Name des Skills. Er wird dafür genutzt, dass der Skill aktiviert wird. Er muss aus mindestens zwei Wörtern bestehen.

Intents sind Anfragen, die ein Skill verarbeiten kann. Jede Anfrage, die ein Skill ausführen soll, muss als Intent programmiert werden. Innerhalb eines Intents können Argumente vom Anwender übergeben werden. Diese stellen die sogenannten **Slots** dar. Die Slots müssen vorab vom Entwickler definiert werden. Amazon liefert bereits existierende Slots, wie z.B. „deutsche Vornamen", „Fluggesellschaften" und „Tiere". Es können jedoch auch eigene Slots erstellt werden. Dafür müssen jegliche Werte, die ein Slot annehmen kann aufgelistet werden.

Ein letzter wichtiger Begriff sind die **Sample utterances**. Diese werden vom Entwickler für jeden einzelnen Intent hinterlegt. Sie definieren mit welchen Worten und Aussagen der Anwender einen Intent auslösen kann. [ASt19]

2.3 Amazon Web Services – Lambda, DynamoDB, SNS

Amazon Web Services (AWS) ist ein Tochterunternehmen des Versandhändlers Amazon aus dem Bereich des Cloud-Computings. Sowohl Speicher, als auch Server oder Datenbanken werden bereitgestellt und können von Entwicklern bei der Skillentwicklung integriert werden. [AWs19] Insbesondere die Services Lambda, DynamoDB und Simple Notification Service (SNS) sollen hier näher erläutert werden, da sie in der Umsetzung dieser Arbeit eine entscheidende Rolle spielen.

Lambda

Nachdem im ASK ein Skill samt der Intents angelegt wurde, muss für den Intent eine Logik implementiert werden, damit auch die Aktionen ausgeführt werden, die der Anwender erwartet. „Mit AWS Lambda können Sie Code ausführen, ohne Server bereitstellen und verwalten zu müssen" [ALa19]. Das ASK ist so vorkonfiguriert, dass die Endpunkte von Lambda und dem Skill nur noch per ID miteinander verknüpft werden müssen und die Kommunikation zwischen den Services anschließend sofort funktioniert. Lambda dient somit als Entwicklungsumgebung für Skills. Die Entwicklung erfolgt in der Programmiersprache JavaScript. Um die Lambdafunktion mit weiteren AWS Services zu verbinden, wird eine geführte Einrichtung angeboten, in der nur der entsprechende Service und wenige weitere Informationen zu diesem hinterlegt werden müssen. Alle AWS Services sind mit maximal drei Eingaben verknüpfbar. Jeder aufgerufene Intent, entspricht einer Anforderung von Lambda. Dementsprechend beziehen sich die Preise von AWS Lambda auf die durchgeführten Anforderungen. Die ersten 1 Mio. Anforderungen sind monatlich kostenlos. Im Anschluss daran werden die Gebühren je nach benötigtem Arbeitsspeicher berechnet.

DynamoDB

„Amazon DynamoDB ist eine Schlüssel-Wert- und Dokumentdatenbank, die für beliebig große Datenmengen eine Leistung im einstelligen Millisekundenbereich bereitstellt". [ADy19] Die Datenbank ist für den direkten Einsatz vorbereitet und es müssen nur die gewünschten Tabellen und Berechtigungen angelegt werden. Die Administration ist auf ein Minimum reduziert und der Großteil der Verwaltung wird von AWS übernommen. Dadurch ist es beispielsweise nicht notwendig Updates und Patches zu installieren und die Umgebung ist stets auf dem neusten Stand. Die Kosten für Amazon DynamoDB belaufen sich auf eine Abrechnung pro durchgeführten Schreib- bzw. Lesevorgang (auch: "on-demand).

Simple Notification Service (SNS)

„Amazon Simple Notification Service (SNS) ist ein hochverfügbarer, dauerhafter, sicherer, vollständig verwalteter Pub/Sub-Messaging-Dienst, mit dem Sie Microservices, verteilte Systeme und serverlose Anwendungen entkoppeln können. [...] Darüber hinaus kann SNS verwendet werden, um Benachrichtigungen an Endnutzer per mobilem Push, SMS und E-Mail weiterzuleiten." [ASi19] Durch die Nutzung des Simple Notification Services besteht die Möglichkeit einen Skill über die Lambdafunktionen mit einem Amazon-eigenen SMS-Service zu verbinden. Um eine Benachrichtigung von Personen realisieren zu können, die keinen Zugriff auf Alexa-fähige Geräte haben, ist dies eine leichte und schnelle Möglichkeit. Auch für SNS werden die Preise monatlich anhand der gesendeten Nachrichten berechnet. Die ersten 100 Nachrichten sind (zumindest innerhalb der USA) kostenlos. Anschließend werden pro Nachricht, abhängig von der Nachrichtengröße und dem Land berechnet.

3. Analyse von bereits auf Amazon existierenden Lösungen im Notfallbereich und Anforderungsdefinition

„Ohne eine Analyse des Ist-Zustandes [...] ist eine produktive Erarbeitung der Soll-Beschaffenheit der gewünschten Software kaum erreichbar." [Zog13, S. 41] Deshalb sollen zu Beginn dieses Kapitels zunächst die bereits existierenden Alexa Skills im Notfallbereich analysiert werden und darauf folgend die Anforderungen an den eigenen Skill aus diesen abgeleitet werden.

3.1 Auswahl existierender Lösungen für die Anforderungsdefinition des zu entwickelnden Hausnotrufes

Wird auf Amazon eine Suche mit den Stichwörtern „Notfall", „Notruf" und „Hausnotruf" durchgeführt, erscheinen maximal zehn Treffer. Bei diesen Treffern wurden die Skills ausgewählt, die mehr als eine Bewertung erhalten haben und sich auf die Nutzung innerhalb Deutschlands beziehen. Die Skills, die noch keine Bewertung besitzen oder deren Fokus nicht speziell auf Rettung oder Hilfe in gesundheitlichen Notsituationen liegt, wurden für die Analyse nicht herangezogen. Letztendlich wurden die Skills LIVIO, Dein Hausnotruf, Ersthelfer und Notrufnummern ausgewählt. In den folgenden Abschnitten sollen diese analysiert werden.

<u>LIVIO, der smarte Hausnotruf</u>

LIVIO, der smarte Hausnotruf (LIVIO) ist ein kostenloser Skill des Anbieters 169 Labs GmbH. Für die Einrichtung werden der Name des Anwenders und die Telefonnummer und der Name des Notfallkontaktes benötigt. Anschließend kann durch Nutzung verschiedener Utterances, wie „Alexa, öffne Hausnotruf" oder „Alexa, sage Hausnotruf, das ist ein Notfall", ein Notrufes abgesetzt werden. Der hinterlegte Notfallkontakt wird durch die immer gleiche Absendernummer +49 157/35999169 angerufen und eine standardisierte Bandansage übermittelt, dass es sich um einen Notfall handelt und er sich bei der betroffenen Person melden soll. [Liv19]

Insbesondere die geführte Einrichtung des Skills ist in diesem Skill hervorzuheben. Es wird gewährleistet, dass der Anwender bei einem später eintretenden Notfall auch wirklich Hilfe erhalten kann und der Notruf nicht ins Leere läuft. Des Weiteren ist die feste Absendernummer ein Vorteil, da der Notfallkontakt diese fest in sein Telefon einspeichern kann und er dadurch stets weiß, dass es sich um den Hausnotruf handelt. Da es sich um eine Standardnachricht handelt, symbolisiert selbst ein entgangener Anruf dieser Nummer einen Notfall. Dennoch weist genau dieser Aspekt auch Nachteile auf. Zum einen wird lediglich ein Kontakt benachrichtigt, der sein Handy eventuell nicht griffbereit hat, zum anderen erhält der Kontakt über die Standardnachricht keinerlei Informationen über das gesundheitliche Problem des Anwenders.

Dein Hausnotruf

Bei dem Skill "Dein-Hausnotruf" handelt es sich um ein Produkt der Mühleis EDV-Service GbR. Für den Skill wird eine kostenfreie Testphase angeboten, anschließend kann der Skill im Abo für 2,99€ pro Monat oder 29,90€ pro Jahr abgeschlossen werden. Dein Hausnotruf ähnelt dem Skill LIVIO, bietet jedoch einigen Zusatzfunktionen. Zum einen können anstelle von einem Notfallkontakt bis zu fünf Kontakte hinterlegt werden, zum anderen erfolgt die Alarmierung nicht nur telefonisch, sondern auch per SMS oder E-Mail. Je nach gebuchtem Abonnement sind entweder 30 Anrufe/SMS oder 360 Anrufe/SMS inklusive. Das entspricht ungefähr einer Alarmierung pro Tag. Es ist nicht ersichtlich, ob Zusatzkosten anfallen, wenn die gebuchte Kapazität überschritten wird. Die Alarmierung erfolgt über eine unternehmenseigene Telefonanlage durch eine deutsche Anrufnummer. Dadurch wird eine hohe Verfügbarkeit gewährleistet. Zusätzlich wird ein „Alles okay Modus" angeboten. Es kann vordefiniert werden wie oft der Anwender ein Feedback geben muss, dass bei Ihm alles in Ordnung ist. Dafür erfolgt ein Anruf auf einer hinterlegten Rufnummer des Anwenders. Der Text, der bei einer Alarmierung übermittelt wird, wird bei der Einrichtung vordefiniert und enthält keine weiteren Informationen zu dem genauen Problem. [Müh19]

Vorteile dieses Skills sind die Optionen, dass bis zu fünf Notfallkontakte hinterlegt werden können und die Alarmierung auch per SMS und E-Mail erfolgen kann. Da der Anbieter auf seiner Webseite angibt, dass er bei Kapazitätsengpässen jederzeit weitere Telefonleitungen buchen kann, lässt sich nicht erkennen, ob die Alarmierung immer über die gleiche Absendernummer erfolgt. Auch der „Alles okay Modus" bietet einen großen Vorteil gegenüber LIVIO. Angehörige, die es nicht regelmäßig schaffen sich bei der registrierten Person zu melden, können trotzdem sicher gehen, dass alles in Ordnung ist und sich auf eine Alarmierung bei fehlender regelmäßiger Rückmeldung verlassen. Als Nachteile sind das Abomodell und die Administration des Skills über die Webseite https://www.deinhausnotruf.de/ aufzuführen. Die Nutzung des Skills ist erst nach erfolgter Registrierung und Hinterlegung aller relevanten Informationen zu den Notfallkontakten möglich. Für einen Test des Skills werden fünf kostenlose Alarmierungen angeboten. Anschließend müssen zunächst die Zahlungsinformationen hinterlegt werden, damit der Hausnotruf weiter genutzt werden kann.

Ersthelfer

Bei „Ersthelfer" von Oliver Friedel handelt es sich um einen kostenlosen Skill, der Hinweise zur Verletzungsbehandlung gibt. Zusätzlich beinhaltet der Skill ein Abfrageschema, anhand dessen - ähnlich wie im Rettungsdienst - eine Handlungsempfehlung zur Verletzungsbehandlung durch das Erfragen von verschiedenen Symptomen stattfindet. [AEr19]

Bei diesem Skill handelt es sich um keinen Hausnotruf. Dennoch sind die Handlungsempfehlungen nützlich, damit sich ein Patient bis zum Eintreffen des Rettungsdienstes auch selbst grundlegend helfen kann. Oft sind Betroffene im Notfall überfordert und wissen nicht, was sie tun können. Durch die ruhige Stimme von Alexa und eine geregelte Abfrage wird der Patient auf den richtigen Weg geleitet.

Notrufnummern

Auch bei dem Skill „Notrufnummern" von System3 IT Consulting handelt es sich um keinen Hausnotruf. Der Anwender kann verschiedene Notrufnummern erfragen. Das ist in Notfallsituationen besonders hilfreich, da Personen dazu neigen, eigentlich einfache Informationen zu vergessen und selbst die Nummer von Polizei oder Feuerwehr nicht mehr wissen. Bei Öffnen des Skills werden direkt alle im System verfügbaren Notrufnummern sehr schnell vorgelesen, der Anwender muss sich diese merken und in sein Telefon eingeben. [ANo19]

3.2 Anforderungen an den eigenen Hausnotrufskill

Für die Durchführung einer Anforderungsdefinition ist es nötig, zunächst zu definieren, was eine Anforderung ist, und wie diese klassifiziert werden können. Eine Anforderung ist „eine Eigenschaft oder Bedingung, die von einem Benutzer zur Lösung eines Problems oder zur Erreichung eines Ziels benötigt wird" [IEE90, S. 62]. Die Einführung von Regularien ist notwendig, da Anforderungen mehrdeutig sein können. Um dies zu gewährleisten, müssen Anforderungen klar und eindeutig definiert werden und es dürfen keine Fragen bezüglich der Umsetzung unberücksichtigt bleiben. Hinsichtlich der Eigenschaften des Softwaresystems lassen sich funktionale Anforderungen und Qualitätsanforderungen (bzw. nicht-funktionale Anforderungen) unterscheiden. [Som18, S. 85] Die funktionalen Anforderungen enthalten die Funktionen, die eine Software abdecken soll. Qualitätsanforderungen bestehen aus Kriterien, die die Zuverlässigkeit, Erweiterbarkeit und Nutzerfreundlichkeit einer Software betreffen. Zusätzlich sollte jede einzelne Anforderung vier Qualitätsmerkmale erfüllen: Korrektheit, Eindeutigkeit, Prüfbarkeit und Nachverfolgbarkeit. [IEE90]

Aus dem im vorhergehenden Abschnitt 3.1 Auswahl existierender Lösungen für die Anforderungsdefinition des zu entwickelnden Hausnotrufes, können im Folgenden die Anforderungen an den eigenen Skill abgeleitet werden.

Funktionale Anforderungen:

F1: Notfallkontakte sollen jederzeit hinzugefügt oder gelöscht werden können.

F2: Eine Alarmierung von mehr als einem Notfallkontakt soll möglich sein.

F3: Der Skill soll eine Notfallalarmierung an hinterlegte Notfallkontakte zunächst per SMS später auch telefonisch oder per E-Mail durchführen.

F4: Bei Auftreten eines Notfalls soll eine geführte Diagnose gestartet werden, die den Anwender Handlungsempfehlungen gibt.

F5: Nach der durchgeführten Diagnose sollen den Notfallkontakten diese Informationen ebenfalls bereitgestellt werden, damit eine bessere Entscheidung zum weiteren Vorgehen getroffen werden kann.

F6: Eine Abfrage aller gängigen Notrufnummern soll möglich sein.

F7: Anbindung eines Rauchmelders an den Hausnotruf und Benachrichtigung bei Rauchaustritt.

Die funktionale Anforderung F7 geht bereits aus der Ausgangssituationsbeschreibung in Kapitel 1 hervor. Da die Hilfsorganisationen eine Smart Home Anbindung an ihren Hausnotruf anbieten und sich viele Haushalte in diese Richtung immer weiter ausstatten, bietet die Umsetzung einer solchen Anbindung einen besonderen Mehrwert und macht den Skill noch interessanter.

Aus den funktionalen Anforderungen wird ersichtlich, dass der Skill eine Kombination aus den Vorzügen der vorab analysierten Skills darstellt. Dabei stehen insbesondere eine hohe Erreichbarkeit der Notfallkontakte und einfache Bedienung des Skills im Vordergrund. Die Qualitätsanforderungen können aus den funktionalen Anforderungen abgeleitet werden.

Qualitätsanforderungen:

Q1: Der Skill soll einfach verständlich sein. Das bedeutet, dass alles erklärt wird und vorab kein Handbuch gelesen werden muss.

Q2: Der Skill soll für zukünftige Anpassungen erweiterbar sein.

Q3: Fehler müssen abgefangen werden, da im Notfall kein Abbruch der Aktion erfolgen darf.

Q4: Eine Alarmierung soll stets über die gleiche Absendernummer erfolgen. Das sorgt für Eindeutigkeit beim empfangenden Notfallkontakt.

Um eine voll funktionsfähige und nutzbare Software zu implementieren müssen sowohl funktionale als auch Qualitätsanforderungen in der Konzeptionierung beachtet werden. Im folgenden Kapitel wird ein Konzept erarbeitet, das alle Anforderungen bestmöglich abdeckt. Darauf folgend wird die Implementierung des Hausnotrufes beschrieben.

4. Konzeptionierung des Hausnotrufes

Nach der Herausarbeitung aller Anforderungen an den Hausnotruf im vorherigen Kapitel wird in diesem Kapitel ein Soll-Konzept erarbeitet, das ebendiese Anforderungen bestmöglich abdecken soll. Anhand der in Abschnitt 3.2 Anforderungen an den eigenen Hausnotrufskill definierten Anforderungen soll für diese nacheinander ein Konzept erarbeitet werden.

Grundlegende Informationen:

Der Skill „Hausnotruf rettet" soll im ASK konfiguriert werden. Als Entwicklungsumgebung für die zugehörigen Funktionen dient Amazon Lambda. Darüber können weitere Services von Amazon verknüpft und genutzt werden.

Einrichtung des Hausnotrufes:

Beim erstmaligen Aufruf des Hausnotrufes soll eine geführte Einrichtung den Namen und die Telefonnummer des Anwenders erfragen. Anschließend werden dieselben Informationen des ersten Notfallkontaktes erfragt. Später kann der Anwender weitere Notfallkontakte hinzufügen.

Damit die Kontaktdaten gespeichert und genutzt werden können, soll eine Tabelle in Amazon DynamoDB erstellt werden, die die folgenden Felder enthält:

Nr.	Attribut	Erläuterung
1	userId	Wert zur eindeutigen Identifizierung des Benutzers
2	name	Name des Anwenders
3	mobilePhone	Handynummer des Anwenders
4	ownNumber	Markierung, ob es sich um die Nummer eines Notfallkontaktes oder die eigene Nummer handelt

Tab. 1: Felder der Tabelle „EmergencyContact"

Hinzufügen bzw. Löschen von Notfallkontakten:

Durch ein einfaches Kommando soll es dem Anwender möglich sein, einen Notfallkontakt der Tabelle EmergencyContact (Tab. 1) hinzuzufügen oder zu löschen.

Ändern der eigenen Telefonnummer:

Durch ein einfaches Kommando soll es dem Anwender möglich sein, seine eigene Telefonnummer in der Tabelle EmergencyContact (Tab. 1) zu ändern.

Anbindung von Rauchmeldern

Es soll eine Schnittstelle geschaffen werden, die die Anbindung internetfähiger Rauchmelder ermöglicht. Im Falle eines Feueralarms soll eine Benachrichtigung der Notfallkontakte per SMS erfolgen.

Notruf an Notfallkontakte absetzen:

Nachdem der Anwender den Skill auffordert einen Notruf abzusetzen, soll zunächst eine Rückfrage erfolgen, ob der Benutzer diesen Notruf wirklich absetzen möchte. Nach der Bestätigung des Anwenders wird eine Benachrichtigung der Notfallkontakte mit einer Standardnachricht per SMS durchgeführt.

Nach der ersten Benachrichtigung soll ein Abfrageschema grundsätzliche Informationen zum gesundheitlichen Problem erfragen. Anschließend soll der Anwender eine Handlungsempfehlung erhalten und eine weitere Benachrichtigung der Notfallkontakte inklusive der Problembeschreibung erfolgen. Die nachfolgende Abb. 1 veranschaulicht das Abfrageschema.

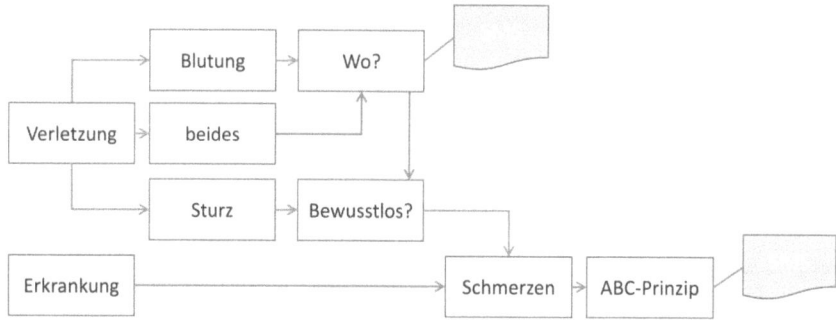

Abb. 1: Abfrageschema Notfallsituation

Da die Handlungsempfehlungen je nach gesundheitlichem Problem variieren soll zunächst zwischen Verletzung und Erkrankung unterschieden werden.

Bei einer Erkrankung des Anwenders erfolgt eine Abfrage der Schmerzen. Im Rettungsdienst werden diese anhand einer Schmerzskala von eins bis zehn durch das persönliche Empfinden des Patienten beurteilt. Diese Beurteilung soll auch im Hausnotruf Anwendung finden.

"Die prioritätenorientierte Untersuchung und Versorgung von Notfallpatienten wird international seit Jahrzehnten über strukturierte Beurteilungs- und Maßnahmen-Schemata gesichert. Weltweit verwenden alle Wiederbelebungsleitlinien das sogenannte ABCDE-Prinzip". [HL+18, S. 31] Die Buchstaben ABCDE stehen in diesem Prinzip jeweils für den Bereich am Patienten, der Untersucht wird. Zunächst erfolgt die Kontrolle der Atemwege (**A**irways). Dabei wird auf Verschlucken und Freiheit dieser geprüft. Anschließend überprüft der Rettungsdienst die Belüftung (**B**reathing). Hierbei soll sichergestellt werden, dass der Patient über genügend Sauerstoff zum Atmen verfügt. Die Atemfrequenz und Atemtiefe werden kontrolliert. Durch Abfragen eventueller C-Probleme, die den Kreislauf (**C**irculation) betreffen, kann auf innere Probleme geschlossen werden. Die D- und E-Probleme sollen in dieser Arbeit zunächst nicht implementiert werden. Sie betreffen die Kontrolle eventueller neurologischer Defizite (**D**isability) und sonstiger Verletzungen bzw. Probleme (**E**xposure). Das ABC(DE)-Prinzip soll der Abfrage der Schmerzen angeschlossen werden.

Gibt der Anwender an, dass es sich um eine Verletzung handelt, soll weiter eine weitere Unterscheidung zwischen Blutung, Sturz und beidem erfolgen. Bei einer Blutung erfolgt eine Abfrage der Körperregion. Im Anschluss daran gibt der Hausnotruf eine Handlungsempfehlung wie die Wunde abgedeckt werden kann. Die Notfallkontakte erhalten eine Benachrichtigung, dass es sich um eine blutende Wunde an einer bestimmten Körperregion handelt. Bei einem Sturz soll abgefragt werden, ob eine Bewusstlosigkeit vorlag. Dann wird - wie bei der Erkrankung auch - in die Schmerzabfrage und auf das ABC-Prinzip verwiesen. Gibt der Anwender "beide" (d.h. Sturz und Blutung) an, wird zunächst die Behandlung der Blutung durchgeführt und anschließend in die Abfrage zum Sturz verwiesen.

Nach Abschluss der ABC-Abfrage soll der Anwender eine Handlungsempfehlung erhalten und es wird eine Benachrichtigung an die Notfallkontakte gesendet, die jegliche gesammelten Informationen enthält.

Die Handlungsempfehlungen sollen in einer Tabelle in der Amazon DynamoDB abgelegt werden. Die folgende Tab. 2 gibt die benötigten Felder an.

Nr.	Attribut	Erläuterung
1	medicalProblem	Genaues Problem, z.B. Blutung, A-Problem, B-Problem, C-Problem
2	bodyPart	Notwendig bei Blutung, für genaue Handlungsempfehlung
3	solution	Handlungsempfehlung

Tab. 2: Felder der Tabelle „MedicalProblem"

Die Handlungsempfehlungen sollen innerhalb des aktiven Intents verfügbar sein und dem Anwender zeitnah zur Verfügung stehen.

Notrufnummern suchen

Da Betroffene im Notfall oft zu nervös sind sich einfache Rufnummern zu merken, sollen die wichtigsten Notrufnummern abrufbar sein. Dazu gehören die Telefonnummern der Feuerwehr, Polizei, des Giftnotrufes NRW, Sperrnotrufes für EC- und Kreditkarten und des Behördennotrufes für jegliche Notfälle im Bezug auf behördliche Vorgänge. Die Telefonnummer soll dem Anwender per SMS zugesandt werden, damit er sich diese nicht merken muss.

Die Notfallnummern sollen in der Tabelle „EmergencyNumbers" in der Amazon DynamoDB abgespeichert werden und enthält die in Tab. 3 aufgeführten Felder.

Nr.	Attribut	Erläuterung
1	institution	Name der Notfallinstitution
2	institutionNumber	Telefonnummer der Notfallinstitution

Tab. 3: Felder der Tabelle „EmergencyNumber"

5. Implementierung und exemplarische Darstellung des Hausnotrufes

Auf Basis des Konzeptes aus dem vierten Kapitel wurde ein Skill mit der Bezeichnung „Hausnotruf rettet" realisiert. Im Folgenden werden die Ergebnisse der einzelnen Teilbereiche vorgestellt.

5.1 Basisinformationen zur Entwicklung:

Der Skill wurde „Hausnotruf rettet" genannt. Da der Name eines Skills aus zwei oder mehr Wörtern bestehen muss, entsprach „Hausnotruf" nicht den Vorgaben von Amazon. Die Entwicklung des Skills „Hausnotruf rettet" erfolgt unter Nutzung des ASK, Amazon Lambda, Amazon DynamoDB und Amazon SNS. Die Verknüpfung der Services erfolgt innerhalb von Amazon Lambda. Dort existieren drei verschiedene JavaScript Dateien, die die Logik des Skills übernehmen. Es handelt sich um die Skripte *dbHelper.js*, *snsService.js* und *index.js*. Jeglicher Code dieser Klassen kann der Anlage 1 entnommen werden. Den Kern des Skills bildet die Klasse *index.js*. Hier werden alle Intents verarbeitet. Die Skripte *dbHelper.js* und *snsService.js* dienen als Hilfsklassen und werden von *index.js* genutzt. Der Skill wurde auf Basis einer Vorlage entwickelt. Dadurch waren die Standardfunktionen und Bibliotheken, die in der Skillentwicklung genutzt werden, bereits integriert und mussten im Bedarfsfall lediglich angepasst werden. Das ASK ermöglicht den Export eines Skills im .JSON Format. Der entsprechende Code dazu kann der Anlage 2 entnommen werden.

5.2 Hauptmenü von „Hausnotruf rettet"

Beim ersten Aufruf des Skills wird der Benutzer nach seinen Daten (Name und Telefonnummer) und anschließend nach den Informationen eines Notfallkontaktes gefragt. Durch das initiale Einrichten des Hausnotrufes wird gewährleistet, dass es im Notfall zu Problemen bei der Alarmierung durch fehlende Informationen kommt.

Beim Aufruf des Skills „Hausnotruf rettet" erfolgt bei vorhandener Einrichtung eine direkte Abfrage, ob ein Notruf abgesetzt werden soll. Antwortet der Anwender mit „Ja", beginnt die Abfrage zu den gesundheitlichen Problemen, welche im Folgenden noch genauer beschrieben werden. Beantwortet der Anwender die Abfrage mit „Nein", gelangt er in das Hauptmenü des Skills und kann Änderungen der Notfallkontakte und der eigenen Informationen durchführen, Notrufnummern suchen oder manuell das Absetzen eines Notrufes erwirken.

Durch Aufrufe wie: „Alexa, Notfallkontakt hinzufügen" oder „Alexa, Notfallkontakt löschen" kann der Anwender die Notfallkontakte verwalten. Wird ein Notfallkontakt hinzugefügt, wird zunächst der Name und anschließend die Telefonnummer des Notfallkontaktes erfragt. Aktuell können nur deutsche Telefonnummern verwendet werden. Eine Ländervorwahl muss nicht angegeben werden und wird automatisch ergänzt. Anschließend gibt Alexa Namen und Telefonnummer zurück, damit der Anwender diese kontrollieren kann. Der Aufruf „Alexa, ändere meine Informationen" ermöglicht dem Anwender seine eigene Telefonnummer ändern. Auch diese wird zur Kontrolle und Bestätigung zurückgegeben. Da sich Anwender oft unterschiedlich ausdrücken, werden verschiedene Utterances für den Aufruf der Intents genutzt.

5.3 Absetzen eines Notrufes an die Notfallkontakte

Das Absetzen eines Notrufes an die Notfallkontakte kann entweder manuell oder direkt beim Starten des Hausnotrufes initiiert werden. Die folgende Kommunikation soll den Ablauf des Notrufes veranschaulichen. Dabei sind die in der Farbe Rot dargestellten Zeilen die generierten SMS-Nachrichten an die Notfallkontakte.

Anwender:	Alexa, das ist ein Notfall.
Alexa:	Soll ein Notruf abgesetzt werden?
Anwender:	Ja!
Alexa:	Ein Notruf an die Notfallkontakte wird abgesetzt. Bitte bewahren Sie Ruhe. Handelt es sich um eine Verletzung oder Erkrankung?
Nachricht folgen sofort.	Das ist ein Notfall bei Nina, bitte melde dich unter +491601234567! Weitere Informationen
Anwender:	Ich habe mich verletzt.
Alexa:	Handelt es sich um einen Sturz, eine Blutung oder beides?
Anwender:	Beides.
Alexa:	An welcher Körperregion bluten Sie?
Anwender:	Am Kopf.
Alexa:	Wunde steril abdecken Bitte bewahren Sie Ruhe.
Nachricht:	Es handelt sich um eine Blutung am Kopf.
Alexa:	Waren Sie nach dem Sturz bewusstlos?
Anwender:	Ja.
Alexa:	Auf einer Schmerzskala von eins bis zehn. Wie stark sind Ihre Schmerzen, wenn eins schwach und zehn sehr stark bedeutet?
Anwender:	Fünf
Alexa:	Haben Sie Atemnot, ein verändertes Atemgeräusch, wie rasseln oder pfeifen, oder sich an einem Gegenstand verschluckt?
Anwender:	Nein.
Alexa:	Ist ihre Atmung schneller oder langsamer als gewöhnlich, oder ist Ihre Haut blau verfärbt?
Anwender:	Nein.
Alexa:	Ist Ihnen schwindelig, haben Sie Herzrasen oder andere Kreislaufprobleme?
Anwender:	Ja.
Alexa:	Legen Sie sich flach auf den Boden und bleiben Sie ruhig. Ihre Notfallkontakte wurden informiert. Bitte bewahren Sie weiterhin Ruhe. Im akuten Notfall verständigen Sie bitte selbst zusätzlich den Rettungsdienst unter 112
Nachricht:	Blutung am Kopf, war bewusstlos, Schmerzstärke fünf, Probleme mit Kreislauf

Aus der Kommunikation mit Alexa ist ersichtlich, dass der Anwender zu jeder Zeit genaue Anweisungen zu seinem Verhalten erhält. Während der Abfrage erhalten die Notfallkontakte bis zu drei Benachrichtigungen. Dadurch ist ein schnelles und gezieltes Handeln möglich und der Betroffene erhält schnelle Hilfe.

5.4 Notrufnummern suchen

Die Suche von Notrufnummern kann der Anwender aus dem Hauptmenü heraus starten. Verschiedene Utterances berücksichtigen auch hier mögliche variierende Äußerungen des Anwenders. Bei einer erfolgreichen Suche der Notrufnummer wird diese von Alexa vorgelesen. Zeitgleich erfolgt ein SMS-Versand an die Telefonnummer des Anwenders, damit er diese sofort für einen Anruf verwenden kann.

5.5 Anfallende Kosten für „Hausnotruf rettet"

Der Skill „Hausnotruf rettet" ist eine sehr kostengünstige Alternative zum herkömmlichen Angebot anderer Anbieter. Da die Nutzung von der Amazon Lambda Funktionen bis zu einer Millionen Anforderungen pro Monat kostenlos ist, ist die Wahrscheinlichkeit in der Anfangsphase der Skillnutzung sehr gering, dass diese Grenze überschritten wird. Beim Absetzen eines Notrufes werden im Hintergrund maximal 15 Funktionen in Lambda aufgerufen. Die Administrationsfunktionen werden ebenfalls im Normalfall sehr selten genutzt. Für die Basiseinrichtung des Skills kann bei fünf Notfallkontakten ebenfalls mit maximal zehn Funktionsaufrufen kalkuliert werden. Daraus ergeben sich insgesamt 20 Aufrufe. Angenommen ein Anwender setzt wöchentlich einen Notruf ab, fallen im Monat 80 Funktionsaufrufe an. Es ist also möglich diesen Skill zu nutzen, ohne dass das Freikontingent überschritten wird.

Auch Amazon DynamoDB besitzt ein monatliches kostenloses Freikontingent. Die Datenspeicherung ist bis 25 GB kostenlos. Die Bandbreite wird auf 1 GB ausgehenden Datenverkehr begrenzt und bei Bedarf nach oben korrigiert. Ebenfalls sind 2,5 Mio. Lesezugriffe inkludiert. Der Hausnotruf liest während des Notrufes maximal zehn Informationen aus der Datenbank, die eine Größe von jeweils max. 4 KB aufweisen. Das Freikontingent wird auch hier nicht überschritten. Lediglich die Schreibvorgänge, mit denen der Anwender die Notfallkontakte und seine eigenen Daten in die Datenbank schreibt, müssen gezahlt werden. Diese kosten pro Schreibzugriff 0.000735$. Die Kosten sind dementsprechend zu vernachlässigen. Nachdem die Basiseinrichtung einmalig vorgenommen wurde, fallen diese Kosten im Normalfall sehr selten weiter an.

Ein Kostenverursacher ist Amazon SNS. Amazon bietet zwar ein Freikontingent für SMS-Nachrichten an, dieses ist jedoch nur für amerikanische Rufnummern gültig. Deutsche Rufnummern kosten pro SMS und je nach Mobilfunkanbieter bis zu 0.15292$. Daraus ergeben sich bei vier Notrufen mit je drei SMS an fünf Notfallkontakte insgesamt 9,1752$ pro Monat.

Mit einem Budget von maximal 10,00$ im Monat sind die Kosten deutlich geringer als bei Anbietern wie dem DRK, den Johannitern oder Dein Hausnotruf.

6. Bewertung der Implementierung des Hausnotrufes in Bezug auf die Anforderungen

Im Folgenden werden die Ergebnisse der Implementierung bewertet. Die Bewertung erfolgt anhand der zuvor definierten funktionalen Anforderungen und Qualitätsanforderungen.

6.1 Funktionale Anforderungen

Die Anforderungen F1-F6 wurden vollständig umgesetzt. Lediglich die Umsetzung der Anforderung F7 konnte nicht implementiert werden.

F1-F3: Notfallkontakte sollen jederzeit hinzugefügt oder gelöscht werden können. Eine Benachrichtigung von mehr als einem Notfallkontakt soll möglich sein. Der Skill soll eine Notfallalarmierung an hinterlegte Notfallkontakte zunächst per SMS, später auch telefonisch oder per E-Mail durchführen.

Die Benachrichtigung per SMS wurde realisiert. Ein Notruf in Form eines Anrufes oder per E-Mail wurde bisher noch nicht integriert. Der Anwender kann beliebig viele Notfallkontakte hinzufügen oder auch wieder löschen. Alle in der Datenbank verfügbaren Notfallkontakte werden im Notfall auch benachrichtigt. Dieses wirkt sich auf die Kosten für den SMS-Versand aus. Da während der Notfallbehandlung bis zu drei Nachrichten an die jeweiligen Notfallkontakte versendet werden, steigen die Kosten schnell an.

F4: Bei Auftreten eines Notfalls soll eine geführte Diagnose gestartet werden, die dem Anwender Handlungsempfehlungen gibt.

Die geführte Diagnose orientiert sich am im Konzept beschriebenen Vorgehen. Nach jeder Rückmeldung des Nutzers, die eine Problematik bestätigt, erhält er Handlungsempfehlungen für sein eigenes Verhalten bis zum Eintreffen von Hilfe und die Versorgung der Verletzung bzw. Erkrankung.

F5: Nach der durchgeführten Diagnose sollen den Notfallkontakten diese Informationen ebenfalls bereitgestellt werden, damit eine bessere Entscheidung zum weiteren Vorgehen getroffen werden kann.

Durch das Abfrageschema besteht die Möglichkeit, alle Informationen geordnet zu sammeln. Bei der abschließenden Benachrichtigung der Notfallkontakte erfolgt eine Zusammenfassung jeder einzelnen Antwort des Betroffenen.

F6: Eine Abfrage aller gängigen Notrufnummern soll möglich sein.

Die Abfrage aller gängigen Notrufnummern ist möglich. Da bei der Analyse der bereits existierenden Skills auffällig war, dass die Anwender sich die Nummern merken müssen, wurde ein zusätzliches Feature eingefügt. Der Anwender erhält nach der Abfrage die Möglichkeit, die Nummer per SMS auf sein eigenes Mobiltelefon senden zu lassen.

Die aus der Nachricht auswählbare Telefonnummer ermöglicht einen schnellen Anruf. Mit diesem Feature einhergehend wurde eine Funktion zur Einrichtung der eigenen Informationen implementiert.

F7:   Anbindung eines Rauchmelders an den Hausnotruf und Benachrichtigung bei Rauchaustritt.

Aufgrund zeitlicher Probleme in der Erstellung dieser Arbeit und dem Umfang der Anbindung eines Rauchmelders, wurde diese Anforderung nicht umgesetzt. Die Integration eines Rauchmelders erfolgt über spezielle IoT (Internet of Things)-Services von Amazon. Eine Anbindung dieser Services erscheint nach ausführlichen Recherchen aktuell nicht sinnvoll, da sich ein Skill nicht unendlich lange im Schlummermodus befinden kann. Nach einiger Zeit der Nichtnutzung erfolgt eine Beendigung des Skills (sog. Timeout). Es besteht somit keine Möglichkeit die dauerhafte Kontrolle eines Smart Home Gerätes über den Skill zu gewährleisten. Das Skript *snsService.js* kann für die zukünftige Anbindung von Rauchmeldern genutzt werden und stellt den Versand von Benachrichtigungen zur Verfügung.

Zusammenfassend wurden bis auf die Anforderung F7 alle Anforderungen sehr zufriedenstellend umgesetzt. Mögliche zukünftige Erweiterungen, wie eine Vertiefung des Abfrageschemas, werden im siebten Kapitel genauer erläutert.

6.2 Qualitätsanforderungen

Die Qualitätsanforderungen können durch die Stichworte „Zuverlässigkeit", „Erweiterbarkeit" und „Nutzerfreundlichkeit" beschrieben werden. Eine zusätzliche Anforderung war ebenfalls, dass die Benachrichtigung der Notfallkontakte stets über die gleiche Absendernummer erfolgen soll.

Auch hier wurden jegliche Anforderungen in der Umsetzung beachtet. Die intuitive Bedienung des Skills beginnt bereits beim Start. Existiert noch keine Einrichtung, so wird der Anwender direkt aufgefordert diese anzugeben. Existiert die Einrichtung bereits, erfolgt die direkte Abfrage, ob ein Notruf abgesetzt werden soll. Verneint der Anwender dieses, gelangt er in das Hauptmenü des Skills und kann dort weitere Administrationsfunktionen durchführen. Benötigt der Anwender Hilfe, kann er durch „Alexa, Hilfe!" den Hilfsintent aufrufen. Alexa liefert dem Anwender dann mögliche Utterances zurück, die er nutzen kann, um weitere Intents aufzurufen. Bei der Benachrichtigung der Notfallkontakte per SMS wird als Absender „NOTICE" angegeben. Dieser Absender ist von Amazon vordefiniert und kann nicht geändert werden. In der ersten Benachrichtigung erhält der Notfallkontakt die Telefonnummer und den Namen des Anwenders, damit eine zeitnahe Kommunikation möglich ist. Außerdem können Notfallkontakte, die eventuell bei mehreren Anwendern hinterlegt sind (Beispiel: Tochter ist der Notfallkontakt für Onkel und Vater) schnell erkennen um wessen Notruf es sich handelt.

Um die Wartbarkeit in Zukunft zu gewährleisten, wurde der Code durch Kommentare ergänzt. Zusammen mit der Verteilung auf mehreren Dateien, die nach Aufgabenbereich getrennt sind, liest sich der Code für Fremde leichter, verständlicher und übersichtlicher. Die Fehlerbehandlung wurde weitestgehend implementiert. Bei Auftreten von Problemen werden diese dem Anwender zurückgemeldet und er kann dadurch besser auf das Problem reagieren.

7. Zusammenfassung und Ausblick

In diesem Kapitel werden die Ergebnisse der Arbeit zusammengefasst. Danach werden Anforderungen, die im Anschluss an die Arbeit noch umgesetzt oder weiter optimiert werden müssen, aufgezeigt.

Zielsetzung der Arbeit ist, einen kostengünstigen Hausnotruf zu implementieren, der lediglich einen intelligenten und an das Internet angebundenen Lautsprecher von Amazon erfordert. Dafür werden zunächst Anforderungen erfasst, die für einen Hausnotruf erforderlich sind und bereits existierende Skills analysiert. Die wichtigsten Funktionen werden für die Konzeptionierung und Implementierung eines eigenen Skills übernommen. Bei der Implementierung des Konzeptes handelt es sich um eine bereits einsetzbare Lösung, die im Anschluss an diese Arbeit um einige Aspekte, die im Folgenden genauer erläutert werden, ergänzt werden muss. Insbesondere, dass der Skill mit monatlichen Kosten von ungefähr 10,00$ sehr kostengünstig gegenüber anderen Angeboten des Hautnotrufes ist, ist für das Ergebnis der Arbeit hervorzuheben.

Im Laufe der Implementierung sind immer wieder neue Probleme in der Entwicklung aufgetreten, die es schwierig machten alle Anforderungen umzusetzen. Insbesondere die Kommunikation zwischen Amazon Lambda und Amazon DynamoDB gestaltete sich als sehr komplex. Des Weiteren ist das ASK nicht darauf ausgelegt verzweigte Sachverhalte darzustellen. Für jeden einzelnen Schritt in der geführten Diagnose musste ein eigener Intent mit eventuellen Slots angelegt werden. Der Zeitaufwand dafür war immens.

Bei der Konzeptionierung wurde davon ausgegangen, dass ausreichend Zeit zur Verfügung steht, eine Integration von Rauchmeldern an den Alexa Skill zu realisieren. Das war aus Zeitgründen nicht möglich, sodass im weiteren Verlauf eine Integration eines solchen Services realisiert werden sollte. Hierzu können die Amazon IoT-Services genutzt werden.

Auch das Abfrageschema sollte in Zukunft weiter ergänzt und modifiziert werden, damit das gesundheitliche Problem noch genauer analysiert werden kann. Dazu können im ABCDE-Prinzip, welches bisher erst bis zum Buchstaben **C**(ircuit) implementiert wurde, um die Kontrollfragen für **D**(isability) und **E**(xposure) ergänzt werden. Durch die damit einhergehenden weiteren Rückmeldungen und Handlungsempfehlungen erhält der Anwender eine noch bessere Rückmeldung.

Weitere Vorzüge, die andere Anbieter für in Ihren Hausnotrufen implementiert haben, sind der „Alles okay Modus" und die Administration des Hausnotrufes über eine Webseite. Beiden Möglichkeiten sollten in Zukunft für eine noch bessere Anwenderfreundlichkeit ergänzt werden. Die Administration über eine Webseite sollte aber nur eine zusätzliche Möglichkeit bieten und nicht die Funktionen im Skill ersetzen.

Grundsätzlich ist es immer möglich die Fehlerbehandlung weiter zu verfeinern. Sofern Kapazitäten und Möglichkeiten dazu bestehen, sollte dieses geschehen, um in Notsituationen eine möglichst einwandfreie Funktion zu gewährleisten.

Zusammenfassend ist die Umsetzung des Hausnotrufskills sehr gut gelungen. Fast alle Anforderungen wurden erfüllt oder sogar übertroffen und der Skill kann sofort eingesetzt werden. Es bleibt jedoch zu überdenken, ob ein Alexa Skill wirklich die optimale Lösung für einen Hausnotruf ist. Oft versteht Alexa die gesprochenen Worte nicht richtig oder gar nicht und läuft dann auf Fehler. Insbesondere die Nutzung der Slots gestaltet sich aktuell als schwierig, da viele vordefinierte Slots nur unzureichende Werte enthalten oder lediglich in Amerika zur Verfügung stehen. Beispielsweise enthält der Slot „deutsche Vornamen" zwar viele Namen, aber auf Namen wie „Michael", „Martina" oder „Achim" reagiert er nicht. Das Ergänzen solcher Werte kann manuell durchgeführt werden, wenn der Skill auf Amazon für alle Nutzer verfügbar ist und mindestens zehn diesen benutzen. Fehlgeschlagene Werte der Slots werden dann geloggt und können für Optimierungsanpassungen genutzt werden. In Zukunft ist davon auszugehen, dass die Möglichkeiten im ASK ergänzt werden. Dadurch können Skills dann leichter, aber funktionsreicher, entwickelt werden.

Anhang

Code auf Anfrage vom Autor

Literaturverzeichnis

ADy19	AWS: „Amazon DynamoDB"
	abgerufen am: 24.08.2019
	https://aws.amazon.com/de/dynamodb/
AEr19	Amazon: „Ersthelfer";
	abgerufen am: 24.08.2019
	https://www.amazon.de/Oliver-Friedel-Ersthefer/dp/B074PJDY5Z/ref=sr_1_1?__mk_de_DE=%C3%85M%C3%85%C5%BD%C3%95%C3%91&keywords=ersthelfer&qid=1566894288&s=digital-skills&sr=1-1
AHa19	ASB: „Hausnotruf";
	abgerufen am: 24.08.2019
	https://www.asb.de/unsere-angebote/hausnotruf
ALa19	AWS: „Lambda";
	abgerufen am: 24.08.2019
	https://aws.amazon.com/de/lambda/?nc2=h_m1
ANo19	Amazon: „Notrufnummern"
	abgerufen am: 24.08.2019
	https://www.amazon.de/gp/product/B07B8H7XK1?ie=UTF8&path=%2Fgp%2Fproduct%2FB07B8H7XK1&ref_=skillrw_dsk_si_dp&useRedirectOnSuccess=1&returnFromLogin=1&
ASk19	Amazon: „Amazon Skills Kit";
	abgerufen am: 24.08.2019
	https://developer.amazon.com/de/alexa-skills-kit
ASi19	Amazon: "Simple Notification Service";
	abgerufen am: 24.08.2019
	https://aws.amazon.com/de/sns/
ASt19	Amazon: Steps to build a custom skill
	abgerufen am: 24.08.2019
	https://developer.amazon.com/de/docs/custom-skills/steps-to-build-a-custom-skill.html#step-1-plan-and-design-your-skill
AWs19	Amazon: Amazon Web Services
	abgerufen am: 24.08.2019
	https://aws.amazon.com/de/

DHa19	DRK: „Hausnotruf"; abgerufen am: 24.08.2019 https://www.drk.de/hilfe-in-deutschland/senioren/altersgerechtes-wohnen/hausnotruf/
Gri19	Grimm, Katharina: „Mama, Papa und drei Kinder? Das hat mit Deutschlands Realität wenig zu tun"; abgerufen am: 24.08.2019 https://www.stern.de/wirtschaft/immobilien/singles-statt-familien--deutschland-wird-zum-single-land-7674306.html
HL+18	Hündorf, Hans Peter; Lipp, Roland; Lipp, Steffen; Veith, Johannes: LPN San: Lehrbuch für Rettungssanitäter, Betriebssanitäter und Rettungshelfer; 2018; 4. Auflage; Stumpf+Kossendey Verlag
IEE90	IEEE 1990 abgerufen am: 24.08.2019 http://www.mit.jyu.fi/ope/kurssit/TIES462/Materiaalit/IEEE_SoftwareEngGlossary.pdf
JHa19	Johanniter: „Hausnotruf"; abgerufen am: 24.08.2019 https://www.johanniter.de/dienstleistungen/notrufsysteme/hausnotruf/
Liv19	LIVIO: „LIVIO, der smarte Hausnotruf"; abgerufen am: 24.08.2019 http://www.livio-hausnotruf.de/
Müh19	Marco Mühleis EDV Service GbR: „Dein Hausnotruf"; abgerufen am: 24.08.2019 https://www.dein-hausnotruf.de/
Som18	Sommerville, Ian: Software Engineering; 2018; 10. Auflage; Pearson Verlag
Zog13	Zoglmann, M.: Das Lastenheft: Die Leistungsbeschreibung in Softwareerstellungsprojekten; 2013; Internationaler Verlag der Wissenschaften

BEI GRIN MACHT SICH IHR WISSEN BEZAHLT

- Wir veröffentlichen Ihre Hausarbeit, Bachelor- und Masterarbeit

- Ihr eigenes eBook und Buch - weltweit in allen wichtigen Shops

- Verdienen Sie an jedem Verkauf

Jetzt bei www.GRIN.com hochladen und kostenlos publizieren